LE VAMPIRE

Les habitants de Paris ne traitent pas très bien leurs chiens. Pour cette raison, Casper, le chien vampire, est dans la ville. Avec l'aide de Mirka, un petit pékinois, il apprend aux maîtres à ne pas maltraiter leurs chiens; il leur donne une leçon qu'ils n'oublieront pas. Les hommes apprennent ce qu'est vivre " une vie de chien " !

D'APRÈS UNE IDÉE DE GARY AVON
TEXTE, EXERCICES ET NOTES PAULE GERMAIN
RÉVISION JULIE BOULOT
DESSINS HUGHES HOPS
EDITING LUCILLE DUPONT

DANS LES
LECTURES TRÈS FACILITÉES
ON RETROUVE DES HISTOIRES CONNUES PAR
LES ENFANTS OU CONÇUES EXPRÈS POUR EUX.
ELLES SONT ÉCRITES DANS UN LANGAGE SIMPLE
ET ACCOMPAGNÉES D'ACTIVITÉS ET DE JEUX

La Spiga languages

Il faisait sombre[1] cette soirée-là à Paris. Une faible[2] lune pleine illuminait le ciel. Le rues étaient désertes[3]. Tout à fait désertes. Seul Casper, un berger belge noir, dans la ville. Il s'arrêtait aux passages cloutés[4] et regardait les feux. Quand ils étaient vert, il regardait à droite et à gauche, puis il traversait. Casper était un chien prudent. Il avait toujours respecté le code de la route[5].

1. **Sombre :** peu éclairé, foncé.
2. **Faible :** sans intensité.
3. **Désert :** sans aucun passant.
4. **Passage clouté :** autrefois signalé par des têtes de clous, aujourd'hui par de bandes blanches.
5. **Code de la route :** ensemble des règles pour la circulation routière.

ACTIVITÉ

✎ **Donne la définition de chaque panneau routier.**

....

....

....

....

....

....

....

"Salut Casper" dit Mario de son restaurant italien. " As-tu faim ? Veux-tu des pâtes ou un beau morceau[1] de pizza ? Les voilà, une belle assiette de spaghettis à la tomate et à l'ail ". Casper renifla[2] les spaghettis et se sauva[3] en aboyant[4]. " Tu n'aimes pas les pâtes ? " dit Mario. Casper adorait les spaghettis mais surtout pas d'ail, car c'était… un chien vampire !!!

1. **Morceau :** partie.
2. **Renifler :** respirer fortement par le nez, sentir.
3. **Se sauver :** partir très vite.
4. **Aboyer :** pousser son cri (en parlant d'un chien).

ACTIVITÉ

✎ **Complète les phrases avec les prépositions suivantes.**

des • de la • du

*Voudrais-tu **des** pâtes ?*

- Voudrais-tu .... café ?
- Voudrais-tu .... confiture ?
- Voudrais-tu .... gâteaux ?
- Voudrais .... chocolat ?
- Voudrais .... bonbons ? soupe ?
- .... vin blanc français ?
- .... glace à la vanille ?
- .... pommes de terre ?
- .... fromage au poivre ?

Il était 21 heures quand Casper arriva devant la maison de Monsieur Perrin. Il savait que l'homme sortait sa chienne Mirka pour lui faire faire sa promenade à cette heure-ci. " On y va " dit l'homme en sortant de la maison. Mirka était un petit pékinois[1]. Elle avait de très petites pattes et elle ne pouvait donc pas marcher trop vite. " Tu es lente et bête ! " hurla[2] l'homme en tirant violemment[3] sur son collier[4].

1. Pékinois : race de chien à poils longs.
2. Hurler : crier très fort.
3. Violemment : avec force, avec brutalité.
4. Collier : courroie mise au cou des animaux.

ACTIVITÉ

✎ **À quelle heure fais-tu certaines activités ?**
Fais des phrases selon l'exemple.

Se lever - ***Je me lève à huit heures***

- Prendre son petit-déjeuner ....
  ....
- Prendre l'autobus ....
  ....
- Début des cours à l'école ....
  ....
- Déjeuner ....
  ....
- Fin des cours à l'école ....
  ....
- Dîner ....
  ....
- Faire ses devoirs ....
  ....
- Aller au lit ....
  ....

Casper montra ses crocs[1] et les suivit[2] dans le parc. M. Perrin marchait très rapidement en tirant sur la laisse. La pauvre Mirka suivait. " Je n'aime pas faire la promenade " pensait Mirka " mon cou me fait mal et mes pattes aussi ". " Mais pourquoi ne marche-t-il pas plus doucement ? Pourquoi tire-t-il la laisse ? ". Casper dans la pénombre[3] se trouva en face d'eux[4].

1. Croc : dent pointue de certains animaux.
2. Suivre : marcher derrière qqn.
3. Pénombre : demi-jour, avec une faible clarté.
4. En face de : se trouver devant.

ACTIVITÉ

✎ **Relie les mots qui correspondent aux parties du chien.**

tête • nez • oreille • œil • patte •
cou • queue • museau

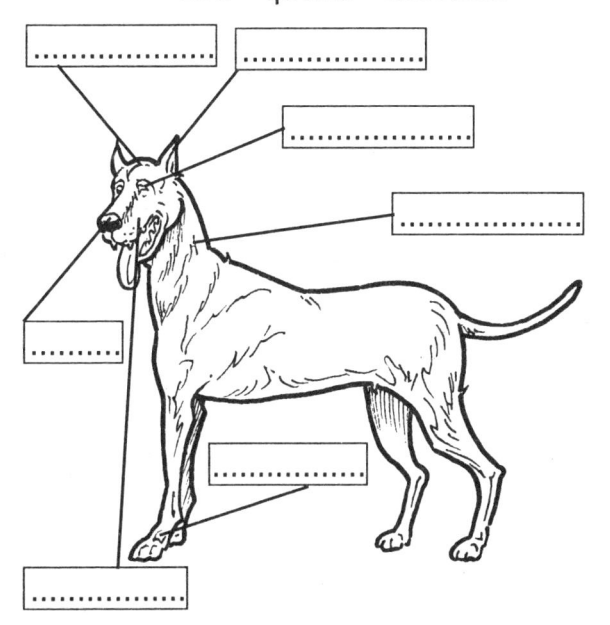

✎ **Fais une description du dessin.**

....
....

"**G**rrrr !" grogna[1] Casper. " Oh ! va-t-en, va-t-en, affreux chien" hurla M. Perrin. Mais Casper ne s'éloignait[2] pas d'eux. M. Perrin prit une pierre et la lança[3] contre Casper. Le berger belge était en colère et grogna de nouveau. " Attaque ce chien Mirka" lui ordonna[4] son maître. Mirka regarda son patron et pensa : " Attaque ! Attaque ! Il est fou !".

1. **Grogner :** faire entendre sa voix d'un bruit sourd et menaçant.
2. **S'éloigner :** mettre une distance entre soi et qqn.
3. **Lancer :** tirer, jeter avec force, envoyer contre qqn.
4. **Ordonner :** commander, dire impérativement.

ACTIVITÉ

✎ Relie le présent du verbe (A) au participe passé (B).

A		B	
voit	écris	mangé	hurlé
hurle	attaquons	écrit	fini
finissent	remercies	remercié	été
est	mangez	vu	attaqué

✎ Complète les phrases avec des verbes.

- L'homme .... un chien noir qui arrive.
- L'autobus .... très en retard aujourd'hui.
- Ce garçon nous a .... une très jolie lettre.
- Hier soir, à la télévision, nous avons ...... un documentaire très intéressant.
- Les élèves .... leur devoir de français.
- Tu .... beaucoup tes amis pour le cadeau.

M. Perrin prit un bâton et essaya de frapper[1] Casper. Le chien, immobile, ouvrit sa gueule[2] en grognant. L'homme vit deux longues canines[3] ensanglantées. " Au secours ! Au secours ! " cria l'homme. Mais il n'y avait personne pour l'aider.
Casper commença à s'approcher[4] et l'homme se sauva.

1. **Frapper :** donner un ou plusieurs coups.
2. **Gueule :** bouche pour les animaux.
3. **Canine :** dent souvent pointue.
4. **S'approcher :** venir, être près de qqn.

ACTIVITÉ

✎ **Complète les phrases avec :**

mieux • le mieux • le(s) meilleur(s)

*On mange **mieux** au restaurant qu'à la cafétéria*

- C'est John qui parle .... français, mais c'est Anne qui a .... accent.
- Mon père danse .... que moi, c'est lui qui danse .... de toute la famille.
- Le café italien est sans aucun doute ....
- La pizza de Pietro est vraiment .... de Paris.
- Pierre travaille .... que Paul et ses résultats sont ....

13

Mirka avait trop peur pour se sauver. Casper s'approcha de plus en plus et, quand il fut à trois mètres seulement de son museau[1], elle ferma ses yeux. Casper lui mordit[2] une oreille et but[3] son sang ! " Maintenant rentre chez toi ! " dit-il à Mirka. Le petit pékinois rentra doucement[4] à la maison.
Elle n'entendait pas… maintenant !

1. **Museau :** nez pour certains animaux.
2. **Mordre :** blesser, couper avec les dents.
3. **Boire :** avaler un liquide.
4. **Doucement :** d'une manière douce, avec lenteur.

ACTIVITÉ

✎ **Réponds aux questions.**

- Quelles races de chien y-a-t-il dans cette histoire ?

- Quel chien est le protagoniste ?
  ....
- Où habite Mirka ?
  ....
- En quelle saison se déroule l'histoire ?
  ....
- Comment s'appellent les jambes des chiens ?
  ....
- Quelle est la nourriture que déteste Casper ? Pourquoi ?
  ....
- Pourquoi Mirka ne sort-elle pas du parc ?
  ....

"Allons-y ! C'est l'heure de ta promenade[1]" dit M. Perrin le soir suivant. " Mais que t'arrive-t-il ? Tu ne peux pas me défendre[2] des chiens qui veulent m'attaquer ? " En tirant fort sur la laisse, ils l'emmena dans le parc. Mirka s'arrêta[3]. " Pourquoi tu t'es arrêtée ? " hurla l'homme.
Mirka ouvrit sa gueule et montra ses énormes canines. " Grrr ! grrr ! " grogna le petit pékinois.

1. **Promenade :** action de se promener, marcher.
2. **Défendre :** apporter une aide, un soutien.
3. **S'arrêter :** cesser de marcher.

ACTIVITÉ

✎ **Retrouve dans la grille des mots du texte.**

C	R	A	P	A	R	C	S
H	E	U	R	E	E	I	O
Z	T	R	O	F	A	A	I
Y	H	O	M	M	E	R	R
D	E	F	E	N	D	R	E
T	C	A	N	I	N	E	S
R	U	S	A	L	A	T	W
O	S	E	D	E	S	E	P
F	G	U	E	U	L	E	V

✎ **Écris les mots trouvés.**

....
....
....
....

M. Perrin se mit en colère[1]. " Tu es un mauvais chien ! " dit-il. Il prit un morceau de bois pour frapper Mirka, mais le petit pékinois sauta[2] sur l'homme. Mirka fit pénétrer[3] ses dents dans le cou[4] de son maître.
À ce moment Casper apparut. " Qui es-tu ? " demanda Mirka. " Je m'appelle Casper le vampire ".
" Je suis un vampire moi aussi[5] ? "
" Bien sûr ". " M. Perrin est aussi un vampire? " demanda Mirka. " Non ! mais maintenant il nous aidera ! " répondit Casper.

1. **En colère :** ne pas être content.
2. **Sauter :** s'élever de terre, s'élancer.
3. **Pénétrer :** percer, entrer dans qch.
4. **Cou :** partie du corps qui joint la tête aux épaules.
5. **Aussi :** également.

ACTIVITÉ

✎ **Écris la question selon la réponse donnée.**

- ....?
  Je m'appelle Casper.
- ....?
  Je suis un vampire.
- ....?
  Je ne peux pas te défendre.
- ....?
  Oui, je suis fatiguée.
- ....?
  Il est neuf heures et demi.
- ....?
  Oui merci, j'aime les pâtes.
- ....?
  C'est l'hiver.
- ....?
  Non, il fait sombre.

"Pourquoi avons-nous besoin des humains[1] pour nous aider ?" insista[2] Mirka. "Ils peuvent faire des choses que nous ne pouvons pas faire !" répondit Casper. "Viens avec moi Mirka" continua Casper, "je veux te montrer la ville, je veux te montrer comment les gens traitent[3] les chiens". Casper s'adressa à M. Perrin : "Maintenant va à la maison et reviens ici demain[4] à la même heure !". M. Perrin fit demi-tour[5] et rentra chez lui. Les deux chiens entrèrent dans la ville.

1. **Humain :** homme.
2. **Insister :** demander de nouveau.
3. **Traiter :** agir envers qqn.
4. **Demain :** le jour suivant.
5. **Demi-tour :** revenir sur ses pas, pivoter sur soi-même.

ACTIVITÉ

✎ **Remets les mots dans le bon ordre.**

- humains / besoin / avons / pour / nous / aider / nous / des

  ....

- faire / peuvent / choses / ils / des

  ....

- comment / veux / faire / chiens / gens / traitent / je / te / leurs / les / voir

  ....

- maison / reviens / même / va / heure / à la / et / à / demain

  ....

- fit / tout / M. Perrin / suite / de / demi-tour

  ....

- entrèrent / ville / chiens / les / la / deux / dans

  ....

"Il y a Black, le chien du maire[1]" dit Casper " c'est un chien de garde[2], il est toujours là, son maître ne le fait jamais sortir ". " Lui c'est Mick, il est très maigre[3] car son maître ne lui donne pas assez à manger ". " Roxy habite ici, il est trop gros car son maître le nourrit mal[4] ". " Le pauvre Bronie a les pattes malades, son maître ne le fait jamais marcher, il se déplace d'un endroit à l'autre[5] en voiture ". " Qu'est-ce que tu vas faire maintenant ? " demanda Mirka. " Je donnerai une belle leçon à ces humains ! " répondit Casper.

1. **Maire :** premier officier d'une ville.
2. **Chien de garde :** qui surveille la maison pour la défendre.
3. **Maigre :** dont le corps a peu de graisse, qui pèse peu pour sa taille.
4. **Nourrir mal :** ne pas donner de bons aliments.
5. **D'un endroit à l'autre :** d'un lieu vers un autre.

ACTIVITÉ

✎ Vrai (V) ou faux (F) ?

	V	F
Mirka est un labrador.	❏	❏
M. Perrin habite à Paris.	❏	❏
Le code de la route est un jeu.	❏	❏
Black est le chien du maire.	❏	❏
Mick est un chien très rapide.	❏	❏
Roxy est gros.	❏	❏
Black est un chien de garde.	❏	❏
Casper est un chien blanc.	❏	❏

✎ Écris correctement les phrases erronées.

....
....
....
....
....

La soirée suivante, Casper attendit devant la maison du maire avec Mirka et M. Perrin. Quand le maire ouvrit la porte, M. Perrin lui parla : " Bonsoir M. le maire, je voudrais vous parler des chiens qui habitent dans cette ville, ils sont dans de très mauvaises conditions[1] ".
" Je n'ai pas le temps de parler des chiens " répondit le maire " je dois participer[2] à une réunion[3], maintenant je vous en prie, partez ! ".

" Grrr ! ", grogna Casper. " Va-t-en sale chien ! " dit le maire en agitant[4] sa canne.

1. **Mauvaise condition :** être dans un mauvais état.
2. **Participer :** prendre part à qch.
3. **Réunion :** assemblée de personnes, action de se réunir.
4. **Agiter :** remuer, secouer.

ACTIVITÉ

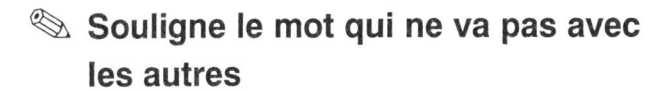

✎ **Souligne le mot qui ne va pas avec les autres**

pâtes – fenêtre – viande – pizza
iris – vélo – car – voiture
soir – matin – nuit – nous
dedans – sur – dessous – inférieur
entonnoir – pull – jupe – chaussure
souris – cheval – lapin – soie

Prends la première lettre de chaque mot erroné et complète la phrase suivante.

Les vacances sont ....

✎ **Écris une phrase avec les mots que tu as soulignés.**

....
....

Casper ouvrit sa gueule. Il suivit le maire et d'un saut rapide il mordit son cou et sa jambe. " Va et libère[1] ton chien ! " ordonna Casper. Le maire partit et libéra Black. Le chien, heureux[2] d'être libre, se mit à sauter partout.
" Assieds-toi dans la niche[3] de Black ! " commanda Casper au maire. "
Et toi M. Perrin attache-le[4] ! ".

1. Libérer : rendre libre qqn.
2. Heureux : content, joyeux.
3. Niche : petite cabane pour abriter le chien.
4. Attacher : lier, fixer à qch avec une corde.

ACTIVITÉ

✎ **Associe chaque ordre au dessin correspondant.**

Libère le chien • Arrête d'aboyer •
Va à la maison • Assis dans la niche •
Viens avec moi • Attache-le

....
....

....
....

Casper, Mirka et M. Perrin se rendirent chez toutes les personnes de la ville qui maltraitaient[1] leur chien. Certains furent attachés, d'autres furent emmenés[2] au chenil[3]. " Maintenant ils peuvent vivre une vie de chien ! " dit Casper. Le maître de Roxy grossit et la maîtresse de Mick maigrit beaucoup. " Tu vois " dit Casper à Mirka " comme les chiens sont heureux maintenant : ils ont trouvé des amis[4] ! ".

1. Maltraiter : traiter durement, avec violence.
2. Emmener : emporter dans un lieu différent.
3. Chenil : endroit destiné aux chiens sans patron.
4. Ami : personne liée d'une amitié, d'une affection.

ACTIVITÉ

✎ Mets à la forme négative les phrases suivantes.

- Casper parle avec M. Perrin.

  ....

- Je vais faire une promenade.

  ....

- Mme Perrin est une bonne cuisinière.

  ....

- Ils lisent beaucoup de livres.

  ....

- Mirka est un chien très grand et très rapide.

  ....

✎ Mets les phrases que tu as écrites à la forme interrogative.

- .... ?
- .... ?
- .... ?
- .... ?
- .... ?

Les maîtres des chiens reçurent une bonne leçon[1]. Quand tout rentra dans la normalité[2], les maîtres commencèrent à bien traiter leurs chiens. " Adieu Mirka ! " dit Casper " je dois rentrer à la maison maintenant, je suis triste[3] de vous quitter ". " Reviens nous voir " dit Mirka. " Certainement, je n'habite pas trop loin et mon patron est gentil avec moi " répondit Casper. " Tu as de la chance[4] " dit Mirka " comment s'appelle ton patron ? " demanda encore Mirka. " Mon maître ? " répondit Casper " son nom est Dracula… Le Comte Dracula ! "

1. **Recevoir une leçon :** Être dans une situation dont on tire un enseignement.
2. **Normalité :** La vie de tous les jours.
3. **Triste :** ≠ content, heureux.
4. **Chance :** circonstance heureuse pour qqn.

ACTIVITÉ

✎ Mots croisés.

HORIZONTAL
1. Partie d'une ville.
2. Protège du froid.
3. Parc où l'on peut jouer.
4. Grande rue.
5. Moyen de transport.

VERTICAL
6. Sa capitale est Tokyo.
7. Entrer de nouveau.
8. On fait une… dans le parc.
9. Meilleur ami de l'homme.
10. Maison du chien.

• LECTEURS EN HERBE • EN COULEURS 🎧 •

Béril	ASTRELIX DANS L'ESPACE
Lutun	ZAZAR
Moulin	LE COMTE DRACULA
Moulin	NESSIE LE MONSTRE
Moulin	ROBIN DES BOIS
Vincent	LA FAMILLE FANTOMAS
Lutun	ZAZAR ET LE COQUILLAGE
Lutun	ZAZAR ET LE RENARD
Martin	HALLOWEEN
Martin	BROB LE BRONTOSAURE

• PREMIÈRES LECTURES •

Aublin	LE RIFIFI
Aublin	MERLIN L'ENCHANTEUR
Aublin	SCARAMOUCHE
Avi	LE TITANIC
Brunhoff	L'ÉLÉPHANT BABAR
Busch	MAX ET MAURICE
Cabline	VERCINGÉTORIX
Capatti	JOUEZ avec la GRAMMAIRE FRANÇAISE
Daudet	LA CHÈVRE DE M. SÉGUIN
Dumas	LES TROIS MOUSQUETAIRES
Dutrois	L'ACCIDENT !
Dutrois	OÙ EST L'OR ?
Germain	LE PETIT DRAGON
Gilli	MÉDOR ET LES PETITS VOYOUS
Grimm	CENDRILLON
Grimm	LES GNOMES
Hutin	LA MAISON DES HORREURS
Hutin	LE PAPILLON
La Fontaine	LE LIÈVRE ET LA TORTUE
Leroy	LES AVENTURES D'HERCULE
Les 1001 Nuits	ALI BABA ET LES 40 VOLEURS
Messina	LE BATEAU-MOUCHE
Perrault	LE PETIT CHAPERON ROUGE
Stoker	DRACULA

• PREMIÈRES LECTURES 🎧 •

Arnoux	LE MONSTRE DE LOCH NESS
Andersen	LES HABITS DE L'EMPEREUR
Flotbleu	D'ARTAGNAN
Grimm	HANSEL ET GRETEL
Hugo	LE BOSSU DE NOTRE-DAME
Laurent	LE DRAGON DORMEUR
Laurent	POCAHONTAS
Pellier	LE VAMPIRE GOGO
Renard	POIL DE CAROTTE
Stoker	DRACULA

• LECTURES TRÈS FACILITÉES •

Aublin	FRANKENSTEIN contre DRACULA
Avi	LE COMMISSAIRE
Avi	LE TRIANGLE DES BERMUDES
Cabline	NAPOLÉON BONAPARTE
Capatti	JOUEZ avec la GRAMMAIRE FRANÇAISE
Cavalier	LES MÉSAVENTURES DE RENART
Ducrouet	NUIT DE NOËL
Géren	LE BATEAU VIKING
Géren	LE MONSTRE DES GALAPAGOS
Germain	LE VAMPIRE
Gilli	UN CŒUR D'ENFANT
Gilli	PARIS-MARSEILLE VOYAGE EN T.G.V.
Hémant	MARIE CURIE
Hutin	CARTOUCHE
Hutin	LE MYSTÈRE DE LA TOUR EIFFEL
Laurent	UN VOLONTAIRE DANS L'ESPACE
Leroy	ANACONDA, LE SERPENT QUI TUE
Mass	LA CHASSE AU TRÉSOR
Mass	OÙ EST L'ARCHE DE NOÉ?
Mérimée	LA VÉNUS D'ILLE
Messina	GRISBI

• LECTURES TRÈS FACILITÉES 🎧 •

Arnoux	BONNIE ET CLYDE • FUITE D'ALCATRAZ
Aublin • Wallace	SISSI • BEN HUR
Avi • Doyle	PIRATES • LA MOMIE
Cabline	LES CHEVALIERS DU ROI ARTHUR
Dumas	LE COMTE DE MONTE-CRISTO
Germain • Saino	HALLOWEEN • LE MASQUE
Hoffmann	PIERRE L'ÉBOURIFFÉ
Hulin	LES COPAINS
Pellier	LE REQUIN • HISTOIRES FANTÔMES
Perrault • Leroux	BARBE BLEU • FANTÔME DE L'OPÉRA
Sennbault	MEURTRE SUR LA CROISETTE

• LECTURES FACILITÉES •
Sélection

Aublin	RIEN NE VA PLUS !
Beaumont	LA BELLE ET LA BÊTE
Capatti	JOUEZ avec la GRAMMAIRE FRANÇAISE
Dumas	LES TROIS MOUSQUETAIRES
Flaubert	MADAME BOVARY
Forsce	JACK L'ÉVENTREUR
Fraîche	LES MYSTÈRES DE LA BASTILLE
Giraud	L'HISTOIRE D'ANNE FRANK
Juge	FUITE DE LA CAYENNE
Juge	JEANNE D'ARC
Malot	SANS FAMILLE
Martini	LA CHANSON DE ROLAND
Martini	LE ROMAN DE RENART
Martini	LE FANTÔME à Chenonceaux
Maupassant	BOULE DE SUIF
Maupassant	UNE VIE
Mercier	CONTES D'AFRIQUE
Mercier	L'AFFAIRE DREYFUS
Mercier	L'EUROTUNNEL
Molière	LE MALADE IMAGINAIRE
Mounier	STALINGRAD
Pergaud	LA GUERRE DES BOUTONS
Perrault	LE CHAT BOTTÉ
Rabelais	GARGANTUA ET PANTAGRUEL
Radiguet	LE DIABLE AU CORPS
Renard	POIL DE CAROTTE
Rostand	CYRANO DE BERGERAC
Sand	LA MARE AU DIABLE
Sand	LA PETITE FADETTE
Ségur	MÉMOIRES D'UN ÂNE
Terrail	LES EXPLOITS DE ROCAMBOLE
Troyes	PERCEVAL
Verne	DE LA TERRE À LA LUNE
Verne	LE TOUR DU MONDE EN 80 JOURS
Verne	20 000 LIEUES SOUS LES MERS

• LECTURES FACILITÉES 🎧 •

Beaumarchais • Fraîche	FIGARO • ROBESPIERRE
Beaum • Hugo	BARBIER SÉVILLE • MISÉRABLES
Dunsien	LA GUERRE D'INDOCHINE
Forsce	RICHARD CŒUR DE LION
Fraîche	CHARLEMAGNE
Loli • Messina	PÊCHEUR • JOCONDE
Mercier • Renard	CONTES • POIL DE CAROTTE
Molière	TARTUFFE
Saino • Juge	ORIENT EXPRESS • ANDES
Ségur • Pergaud	MÉMOIRES ÂNE • GUERRE BOUTONS
Voltaire	CANDIDE

• LECTURES SANS FRONTIÈRES 🎧 •

Balzac	LE PÈRE GORIOT
Béguin	AMISTAD
Béguin (SANS CD)	JOUEZ avec la GRAMMAIRE
Combat	HALLOWEEN
Conedy	COCO CHANEL
Diderot	JACQUES LE FATALISTE
Dumas	LA DAME AUX CAMÉLIAS
Flaubert	L'ÉDUCATION SENTIMENTALE
Flaubert	MADAME BOVARY
France	LE LIVRE DE MON AMI
Hugo	LES MISÉRABLES
Hugo	NOTRE-DAME DE PARIS
Iznogoud	JACK L'ÉVENTREUR
Maupassant	BEL-AMI
Messina	JEANNE D'ARC
Messina	MATA HARI
Messina	NAPOLÉON. L'HISTOIRE D'UNE VIE
Molière	L'ÉCOLE DES FEMMES
Proust	UN AMOUR DE SWANN
Sampeur	RAPA NUI
Stendhal	LE ROUGE ET LE NOIR
Térieur	LE TRIANGLE des BERMUDES
Zola	GERMINAL
Zola	THÉRÈSE RAQUIN

• AMÉLIORE TON FRANÇAIS •
Sélection

Alain-Fournier	LE GRAND MEAULNES
Anouilh	BECKET
Balzac	L'AUBERGE ROUGE
Balzac	L'ÉLIXIR DE LONGUE VIE
Baudelaire	LA FANFARLO
Corneille	LE CID
Daudet	LETTRES DE MON MOULIN
Duras	AGATHA
Flaubert	🎧 UN CŒUR SIMPLE
Gautier	LA MORTE AMOUREUSE
Hugo	Le DERNIER JOUR d'un CONDAMNÉ
La Fontaine	FABLES
Maupassant	MADEMOISELLE FIFI
Molière	L'AVARE
Molière	TARTUFFE
Molière	LES PRÉCIEUSES RIDICULES
Perrault	🎧 CONTES
Prévost	MANON LESCAUT
Rousseau	RÊVERIES DU PROMENEUR SOLITAIRE
Simenon	LES 13 ÉNIGMES
Stendhal	🎧 HISTOIRES D'AMOUR
Voltaire	MICROMÉGAS

• CLASSIQUES DE POCHE •

Baudelaire	🎧 LE SPLEEN DE PARIS
Duras	L'AMANT
Hugo	🎧 LA LÉGENDE DU BEAU PÉCOPIN
La Fayette	LA PRINCESSE DE CLÈVES
Maupassant	CONTES FANTASTIQUES
Pascal	🎧 PENSÉES
Proust	VIOLANTE OU LA MONDANITÉ
Racine	PHÈDRE
Sagan	BONJOUR TRISTESSE
Simenon	L'AMOUREUX DE MME MAIGRET
Voltaire	🎧 CANDIDE

© 2008 **ELI SRL - LA SPIGA LANGUAGES** • TÉL. +39 02 21572740 • info@laspigamodern.com • info@elionline.com

IMPRIMÉ EN ITALIE PAR **TECHNO MEDIA REFERENCE**